VERONICA CUZUB

PAȘII din TIMP

MediaTon, 2020

Library and Archives Canada Cataloguing in Publication
Cuzub, Veronica ,1981 - author
Steps in Time Lirics in Romanian

Biblioteca și Arhivele de Catalogare în Publicație, Canada
Cuzub, Veronica, 1981 - autor

Pașii din Timp Versuri, Autor: Veronica Cuzub

Preface/Prefață: Vitalie Răileanu, Chișinău, Moldova

Cover, concept and composition: Maria Tonu
Coperta, concept și compoziție: Maria Tonu

ISBN: 978-1-989216-02-6

Copyright © Veronica Cuzub, 2020

The use of any part of this publication, reproduced, transmuted in any form or by any means, electronic, mechanical, photocopying, recording, or otherwise stoped in a retrieval system, without the expressed written consent of the author
E-mail: **cuzubveronica1981@gmail.com**
is an infringement of the copyright law.

Utilizarea oricărei părți a acestei publicații, reprodusă, fără consimțământul în scris al autorului
E-mail: **cuzubveronica1981@gmail.com**
reprezintă o încălcare a legii drepturilor de autor.

MediaTon, Toronto, Canada, 2020
Printed on the Lulu platform USA

MediaTon, Toronto, Canada, 2020
Tipărit pe platforma Lulu, SUA

Pașii din Timp(-ul) poeziei...

Acest volum de versuri, atât de sugestiv încă din titlu, prin care se declanșează reiterarea temei obsedante - a destinului trecut ușor cu pașii atenți prin porțile *Timpului*, - , aduce o poezie izvorâtă din adecvarea structurală a autoarei Veronica Cuzub la realitatea la care, totuși, din mers, își adaptează reacțiile, câtă vreme aspiră la schimbarea acestui *statu-quo* (a Pașilor din Timp) o percepe ca o realitate a timpului prezent: (Vă rog, p.8) Vă rog, pe toți ai mei, ce știți / Că slăbiciunea mea e versul / Așa cum sunt să mă iubiți / Căci nu mi-i mare interesul. / N-o să vă cer nimic să-mi dați, / Doar timp c-o foaie și-un creion / Plecați, plecați și mă lăsați / Ca rătăcită pe-un peron. / Între cuvintele din gânduri / Ce curg cernite sub stilou / Și se așază clar în rânduri / Ceva frumos, ceva mai nou. / Iar dacă auziți din spate / Că zice cineva de mine / Să nu îmi căutați dreptate / Căci lumea nu mă știe bine.

Amintiri fulgurante fără miză spectaculoasă, punctează, în poezia autoarei noastre, fluxul esențial a celei care mărturisește: (Cine sunt?, p.7) La întrebarea: Cine ești? / Răspunsul meu urmează scurt: / Sunt om cu gânduri pământești / Ce vin și-o să mă întorc în lut. / În rest nimic mai complicat, / Am o credință-n care cred / Și-un Dumnezeu ce m-a creat / Așa cum sunt, nu cum mă văd..., astfel poeta, devoalând sau doar dând posibilitatea cititorului să descopere singur, aici, rădăcinile unei atitudini îngăduitoare față de lume, față de cei ce o cunosc, față de cei care învăluie, în egală măsură, nu doar primii ani de viață, ca și existența sa următoare coroborâtă ca o blândețe intrinsecă a sinelui: (Copilăria la țară, p. 9) Am trăit copilăria la țară / Cu cireșe la urechi în primăvară. / Strângeam flori de păpădie-n poieniță / Și împleteam din ele câte-o coroniță. / Alergam prin iarba fragedă cu rouă / Câte-o oră, dacă nu poate și două. / Ne jucam de v-ați ascunselea cu toții / Și uitam de multe ori că-i miezul nopții. La aceste mărturii se adaugă un spirit de sacrificiu manifest, a celei care își asumă responsabilitatea de a da seama în fața *Pașilor Timpului trăit:* (Cine am fost și cine am ajuns, p. 92) Dintr-o țară cu frumosul nume / Și cu-atâtea datini din străbuni, / Am fugit și rătăcim în lume / Pentru-un trai și niște ani mai buni. / Dar ce fac bunicii noștri, frate? / Cum trăiesc în sărăcii, acasă? / Nu au bani de viață, nici de moarte, / Nici de-o pâine proaspătă pe masă. / Mâini muncite, chipuri întristate, / Ochii plânși de chinuri și de greu. / Peste tot și în oraș și-n sate, / N-au sărmani-n buzunar un leu. / Cum să le îndure ei pe toate? / Doamne, oare văd acei de sus? / Ce blesteme astea? Ce păcate? / Cine-am fost și cine am ajuns?

Construite monologic, poeziile Veronicăi Cuzub din acest volum sunt fie confesiuni, având ca punct de plecare întâmplări, constatări existențiale, reținute secvențial sau rezumativ, fie meditații, laitmotivul timpului fiind simptomatic pentru conotațiile sintagmei – *Timpul real*.

Scrisă în vers cu rimă metaforică, cuprinzând imagini artistice a căror expresivitate este cu atât mai mare, cu cât procedeele artistice la care apelează fără a fi excesive, concentrează sensurile întregului volum, poezia Veronicăi Cuzub este a unei poete moderne, stăpânite de predispoziția clasică pentru echilibru, pe care, pentru că, în general, nu-l găsește în afara ființei sale, încearcă să îl inducă mediului pe care îl traversează, cedându-i lumii din afară o parte din sine, fără a-și pereclita, totuși, armonia lăuntrică: (Copilărește, p. 10) Coboară stropi din curcubeie, / Desculț alerg prin iarba verde / Sunt mare, de acum femeie, / Dar nebunia nu se pierde. / Și râd cu dor copilărește, / Apoi mai plâng nedumerită. / Ce gând sfios mă copleșește / În amintirea mea trăită. / Ador copilul meu din mine, / Când plouă stropi din curcubeie. / Să cred nici n-aș putea a crede, / Sunt mare și de-acum femeie.

Din acest motiv, în poezie se transpun constatări, neliniști, dar niciodată stări extreme a celei pentru care: (Diferiți, p. 94) Noapte la fereastră, beznă peste lume, / Tremură în umbre de copac. / Am rămas să aflu între eu și nume / Cine-o să înțeleagă gândul meu când tac? / Parcă ar fi o teamă, dar nu asta-i tot, / Fiecare-n parte știe-un crez al său. / Tot ce crede altul, eu să cred nu pot, / Nu știu dacă-i bine, nu știu dacă-i rău. / Are-o vorbă mama, care mi-o repetă. / Înțeleg ce-mi spune, înțeleg ce vrea... / Rana nu-i un scris pe asfalt cu cretă / Și când vine ploaia, uite că mi-l ia. [...] / Mă-mbrâncesc ecouri și mă dor cuvinte, / Cine nu înțelege, cine nici nu vrea. / Diferiți în toate, pân și-n cele sfinte, / Pentru cine bună, pentru cine rea. și..., chiar dacă în acest peisaj există ea, autoarea, Veronica Cuzub caută căi și timp real de a se debarasa de aceste vagi amintiri / constatări ale perindării firelor de nisip din clepsidra lui Cronos.

  Poezia Veronicăi Cuzub, din acest volum, izvorâtă din blândețea cu care poeta contemplă lumea – deși ar putea să fie doar o filă de calendar, îmbinând rafinamentul cu demnitatea asumării condiției fragile a omului, fără a fi elegiacă, reliefează, așadar, eterna dramă a perindării *Timpului*, venind din neputința de a sparge cercul, deși, eul liric al autoarei e unul mereu visător spre înălțare.

Vitalie Răileanu,
scriitor, istoric, critic literar
3 iunie 2020

CINE SUNT?

La întrebarea: Cine ești?

Răspunsul meu urmează scurt:

Sunt om cu gânduri pământești

Ce vin și-o să mă întorc în lut.

În rest nimic mai complicat,

Am o credință-n care cred

Și-un Dumnezeu ce m-a creat

Așa cum sunt, nu cum mă văd.

VĂ ROG

Vă rog, pe toți ai mei, ce știți
Că slăbiciunea mea e versul
Așa cum sunt să mă iubiți
Căci nu mi-i mare interesul.

N-o să vă cer nimic să-mi dați,
Doar timp c-o foaie și-un creion
Plecați, plecați și mă lăsați
Ca rătăcită pe-un peron.

Între cuvintele din gânduri
Ce curg cernite sub stilou
Și se așază clar în rânduri
Ceva frumos, ceva mai nou.

Iar dacă auziți din spate
Că zice cineva de mine,
Să nu îmi căutați dreptate
Căci lumea nu mă știe bine.

Sau poate nu mă știu de loc
Așa cum nu-i cunosc nici eu.
Să mă lăsați în timp și loc
Căci mă cunoaște Dumnezeu

COPILĂRIA LA ȚARĂ

Am trăit copilăria de la țară
Cu cireșe la urechi în primăvară.
Strângeam flori de păpădie-n poieniță
Și împleteam din ele câte-o coroniță.

Alergam prin iarba fragedă cu rouă
Câte-o oră, dacă nu poate și două.
Ne jucam de v-ați ascunselea cu toții
Și uitam de multe ori că-i miezul nopții.

La bunica de intram să văd ce face,
O vedeam că stă parcă pe ace
Eu fără să vreau din întâmplare
Mai rupeam din macii ei câte o floare.

Din porumb îmi alegeam păpușă,
Fundă îi legam la cățelușă
Și când le vedeam pe toate bune,
N-așteptam s-aud ce îmi va spune.

Îmi luam păpușa, floarea ruptă
Și-mi lăsam bunica-n ușă mută.
Mai aveam atâta treabă-n zi de vară,
Căci trăiam copilăria de la țară.

COPILĂREȘTE

Coboară stropi din curcubeie,
Descult alerg prin iarba verde
Sunt mare, de acum femeie,
Dar nebunia nu se pierde.

Și râd cu dor copilărește,
Apoi mai plâng nedumerită.
Ce gând sfios mă copleșește
În amintirea mea trăită.

Ador copilul meu din mine,
Când plouă stropi din curcubeie.
Să cred nici n-aș putea a crede,
Sunt mare și de-acum femeie.

VIS COPILĂRESC

Dintr-un vis copilăresc
M-am trezit zâmbind din somn
Stau acum și mă gândesc:
Voi visa de-o să mai dorm?

Se făcea că ninge-afară,
Fulgi măscați, ușor plutind
Eu îmi amintisem iară
Strofele dintr-un colind.

Mi-adusesem bradu-n casă
Și din ani mai niște lucruri...
Cum de-o viață așa frumoasă
Nu puteai ca să te bucuri?

Și-n ajun de sărbătoare,
Daruri ne-au adus bunicii
Dulciuri pentru fiecare
Și ceva după capricii...

Vai! Ce vis, nu pot să cred,
M-am trezit din somn zâmbind.
Ce-a rămas să am din tot,
Sunt cuvinte din colind.

NOI, COPIII DE IERI

Noi, copiii de ieri, am trăit bucurii
Dintr-un zmeu de hârtie făcut.
Fericiți și-mpăcați, alergam pe câmpii
Și nicicând în tristeți n-am crezut.

Ploile calde de vară ne țineau pe afară
Cu motive frumoase de joacă.
Număram în înalturi și cocorii ce zboară
La-nceputuri de toamnă când pleacă.

Dar ce ierne au fost, cu nămeții cât noi
Și ce geruri pișcau de obraji...
Timpuri. Timpuri. Când mai vin înapoi?
Căci trăim amintiri ce-au rămas.

Azi copiii de ieri nu mai sunt nicăieri,
Nu mai știu alergatul prin luncă cu zmei.
Noi, părinți și bunici, am rămas cu păreri
Și cu viața de-atunci, dragii mei.

COPILĂRIA MEA

Copilăria mea, copilărie,
Hai lasă-mă să mă întorc la tine.
Aș mai trăi atâta bucurie
În stropi de ploaie și în seri senine.

Copilăria mea, copilărie,
Hai lasă-mă să mai alerg prin luncă,
Cu timp de primăveri și păpădie,
În dimineți când soarele se urcă.

Copilăria mea, copilărie,
Hai du-mă iute la bunici.
Acolo orice colț de rai mă știe
Și-i multă fericire-n lucruri mici.

Copilăria mea, copilărie,
Te-ai dus în grabă, fără să-mi explici.
Eu am rămas cu dor și nostalgie,
Dar tu, poate mai ai ceva să-mi zici?

PRIN OCHI DE COPIL

Trăiesc speranța gândurilor bune

Și văd prin ochii de copil la viață.

Trecând prin greu, culeg înțelepciune,

Iar orice om din calea mea, mă-nvață.

Cei ce sunt răi, ca ei să nu pot fi,

Cei buni, să mă îmbune și pe mine.

Puținul meu să-l știu a împărți

Cu cel ce n-are nici un colț de pâine.

Din încălțări, să-i dau la cel desculț,

Din haine, la acel mai dezbrăcat,

Acelui trist, un zâmbet mai drăguț

Și-o îmbrățișare, celui supărat.

TE-AM AȘTEPTAT

Am adormit cu cartea-mbrățișată,
Cafeaua s-a răcit în colț de masă
Te-am așteptat. N-am pus zăvor la poartă
Și nici lumina nu am stins în casă.

Bătea un vânt și începea să plouă
Din cer senin și dintr-un miez de noapte,
Spre-apus se cobora o lună nouă,
Când m-am trezit din vis la jumătate.

M-am ridicat din pat lângă fereastră
Și m-am uitat afară la-ntuneric.
Am înțeles că nu e mira noastră
Și vântul se zbătea tot mai puternic.

Închis-am cartea și-am băut cafeaua
Cu recele și-amarul împreună
Și-am tras peste-ntuneric cu perdeaua,
Căci începea să bântuie furtună.

DOUĂ DESTINE

Și cum să-ți spun?

Din gând nebun ce-o fi mai bun?

Când ești alăturea oricum,

Îți simt mirosul de parfum

Și pașii galeși pe podea...

Nu vreau să simt absența ta,

Nici dor să știu, nici noapte rece,

Nici timpul singură a trece.

Iar din cafeaua dimineții

Să știu că beau cu sensul vieții,

Să ne certăm copilărește

Cum e frumos și e firește

Și-apoi să râdem, să vorbim,

Căci noi în toate ne iubim.

Și cum să-ți spun? Și rău și bun,

Două destine și un drum.

IUBEȘTE-MĂ CUM SUNT

Sunt rea, sunt bună, uneori,

Sunt vânt și freamăt pe pământ,

Sunt om în zări rătăcitor,

Dar tu iubește-mă cum sunt.

Sunt o femeie cum mă știi,

Ca un blestem, ca un descânt

În nopțile ce-ți par târzii,

Iubește-mă așa cum sunt.

Sunt fiică, mamă de fecior,

Sunt eu, cu suflet și cuvânt

În mine cuibărește-un dor,

Tu, hai, iubește-mă cum sunt.

IA-MĂ ÎN VISURILE TALE

Ia-mă în visurile tale

Și-am să-ți fiu atât de taină,

Să-ți fiu umbră când e soare,

Când e frig să-ți fiu ca haină.

Iar când dorurile toate

Îți vor fi suspin și teamă,

Eu să fiu de tine-aproape

Și tinctură pentru rană.

Și-aș vedea, dacă se poate

Să opresc clepsidra-n vreme

Din nisip castel aș face

Și-am trăi ca în poeme.

SUNTEM ATÂT DE COPII

Suntem atât de copii în iubirile noastre,

Mă răsfăț supărată într-o oră devreme

Îmi aduci o cafea, nici fierbinte, nici rece

Și-mi reciți amintindu-ți câte-un vers din poeme.

Te găsesc rătăcit cu privirile toate

Peste mine, așa cum mă scol dimineața.

Eu cu părul desprins, ciufulit și a lene,

Tu cu dragostea toată între palme-mi prinzi fața.

Mă fardez cu un zâmbet matinal și zglobiu,

Ce-l săruți cu nesațul plăcerii din tine.

Suntem atât de copii în iubirile noastre

Și atât de maturi într-o oră devreme.

LASĂ-MI DRAGOSTEA MEA

De oră târzie un ceas obosit se mai zbate,
E somnul nesomn și noaptea se duce din noapte
Atâtea și atâtea idei nu-și dau rând să mă încerce,
C-o stimă de vreme, le las dintre ele să plece.

Timidă prin gânduri, mă poartă trăirea pribeagă,
Tăcerea imensă prin beznă nebună aleargă.
Eu nici nu mai știu părerile mele ce cred,
Mă adun dintre toate și în toate confuză mă pierd.

Am nevoie de tine, în clipa aceasta, acum.
Numai tu înțelege-vei cele ce vreau ca să spun.
Ia-mă în brațele tale și ascultă cum sufletu-mi geme,
Parcă sunt blestemată cu cele mai grele blesteme.

Zi ce crezi, ce înțelegi, ce prin gânduri îmi vezi
Căci doar tu, nebunia ai putea să-mi tratezi
Când e somnul nesomn și noaptea se duce din noapte,
Lasă-mi dragostea mea să trăiască de tine aproape.

TINERI ÎN NOI

Răsfață-mă c-un zâmbet și-un sărut
Și-mi învelește sufletu-n cuvinte,
Să nu regret că timpul a trecut
Și nu mai suntem tineri ca înainte.

Mă-mbrățișează strâns la pieptul tău
Și lasă-mă să stau între tăceri.
Să plâng, să râd și nici să-mi pară rău
De ziua noastră ce-am trăit-o ieri.

Nu-mi deranja argintul de la tâmplă
Și nici nu-mi zi de altele schimbări.
Firești sunt toate ce ni se întâmplă
Unde uitări se cer, unde iertări.

Asemeni unui joc ciudat din vreme,
Se răsucește timpul pe-un călcâi
Iubirea noastră nu e plan în scheme,
E cea din urmă și e cea dintâi.

Mă lasă să pun capul meu pe umăr
Și să trăim iubirea pentru doi...
Chiar dacă matematic anii număr,
Atât de tineri mai suntem în noi.

IUBESC PĂCĂTUIND

E frunză ruginie, vânt și ploaie
Din calendar o zi a mai plecat.
Un gând ce rătăcește prin odaie,
Încearcă să mă împingă la păcat.

O armonie-mi dă fiori de teamă,
Să mă arunc nebună-n brațul tău
Iubirea ta, alăturea mă cheamă
Ca-ntr-o credință oarbă a unui Zeu.

Hai lasă-mă pierdută printre șoapte
Cu nebunia mea, cu tot al meu
Din șapte zile, nopți să fie șapte,
Căci fără tine nu pot să fiu eu.

Din calendar o zi a mai plecat,
Dar noaptea să rămână înc-o noapte.
Într-o credință toate-s cu păcat,
Iubesc păcătuind prin gând și fapte.

Voi merge-n spovedanii pentru toate,
Chiar dacă o să mă judece toți sfinții,
Canoane am să iau și mai departe,
Iubesc cum s-au iubit prin noi părinții.

ANII MEI RĂMAȘI CU TINE

Anii mei rămași cu tine,

Mi-au dat sens, mi-au dat speranță

Nu puteam să cred vreodată

Că și dragostea te-nvață.

Din furtună și din ploaie

Știi să-mi faci vreme frumoasă,

Unde sunt de tine alături,

Pot să spun că sunt acasă..

Când toți pleacă și mă uită,

Tu-mi ștergi lacrima din gene.

Ce frumoasă, ce durută

Este viața-n pasul vremii.

CÂT DE NAIVĂ

Rămas-au în urmă toți anii de noi
Și gândul mă doare-n tomnatice ploi,
Când vântul se zbate la geam și-n perdea,
Te vreau lângă mine cu dragostea ta.

De umerii goi să mă prinzi, să mă strângi
Și toată tristețea din mine să-nvingi,
Căci unicul tu, ești și boală și leac,
Prin tine mă vindec, de tine-o să zac.

Îmi spui încă multe ce nu le-am știut
Și eu mă uimesc ca atunci la-nceput.
Ah, cât de naivă mai pot ca să fiu
Nici seamă să-mi dau când se face târziu.

Și ce dacă anii în urmă au rămas,
Iubirea vorbește între noi fără glas.
Când vântul se zbate la geam și-n perdea,
Te vreau lângă mine cu dragostea ta.

GÂND TOMNATIC

Sub pași și iarba s-a uscat
De vânt tomnatic și de ploi,
Într-un neclar, într-un oftat
Rămân copacii tot mai goi.

Mor frunzele nevinovate
În timp grăbit nepăsător.
Prin norii cenușii se pierde
Uitat de stoluri un cocor.

Se duce ziua cu regrete,
Vine-un amurg posomorât.
Trăirilor cer să mă ierte
Din tot trecutul ce-am greșit.

În gând mă bântuie un frig
Mai rătăcit ca niciodată,

Cu voce înceată mi te strig
De-acolo unde sunt, mă cată.

Făcând cuvertă din iubire,
Să-mi încălzești în mine gândul.
Sărută-mi lacrima-n privire
Și din tăceri mi-auzi cuvântul.

Atâtea am nespuse-n minte,
De au rămas să pară taine...
M-ascunde-n dragostea fierbinte,
Ferindu-mă de vântul toamnei.

Să nu văd frunzele cum mor,
Să nu simt dorul cum mă doare.
În timp grăbit, nepăsător
Și eu pe-aici sunt trecătoare.

POVESTEA TRĂIRILOR

Ca în ziua de ieri și de-atunci,
Torn cafeaua la ora de seară.
Timp grăbit, unde-ai vrea să te duci?
Mai rămâi la popasul din toamnă.

Am chemat și amintirile-n treacăt,
Să ne plimbe prin toate-napoi
Deschizând ale tainelor lacăt
Din frumoasele clipe în doi.

Mai aduc niște poze pe masă,
Ia te uită ce tineri eram...
Hai mai spune, dar poate mai lasă
Ca să plângă și ploaia la geam.

Auzi foșnetul frunzelor zmulte
Fără milă de vântul nebun?

Mă sărută pe buze, pe frunte,
C-am uitat ce vroiam să mai spun.

Rătăcită prin gânduri din vreme,
Mă adună în brațele tale
Să mă aperi de frig și troiene
Și de toate ce fi-vor în cale.

C-o descriere-n toate-nțeleasă
Numai, numai și numai de noi
În povestea trăirilor noastre,
Am rămas principalii eroi.

ÎNTOARCE-MI, SOARTĂ, TIMPUL

La geam e toamnă și e toamnă-n noi,
Trăiesc iubiri în amintiri la doi
Ce-a fost pe timpuri temă de debut,
Într-o neclară clipă s-a pierdut.

A fost în grabă și ceva nedrept,
Eu am rămas pe bancă să aștept
Din gene picură mici stropi de ploi...
Întoarce-mi soartă timpul înapoi.

Să ne mai prindă vremea pe alei
Privindu-te cu drag în ochii mei,
Prin foșnetul de frunze amorțit,
Unde-n trăiri mistere-am rătăcit.

Nu fi haină și nu fi nedreaptă,
Întoarce-mi soartă timpul înc-odată.
Te rog și te implor la infinit,
Întoarce-mi timpul care l-ai răpit.

NEDUMERIRE

Copiii cresc, copiii pleacă
Noi tineri parcă îmbătrânim.
Cu drag de viață zbuciumată,
Căci timpuri pleacă, timpuri vin.

Nedumerite și neclare
Sunt nopțile trăite-n doi
La focul care arde-n vatră
C-au început a toamnei ploi.

Citesc povestea cea de seară
Cu gând că ascultă cineva...
A fost cândva, a fost odată
Copilul care asculta...

Și trag cu grijă și sfială
Un colț de plapumă pe mine
De parcă-mi este frig de teamă,
Căci într-o zi și iarna vine.

VIN TOAMNELE

Vin toamnele cu ploi, cu vânt, cu brume,

Cu nopți sinistre și copacii goi,

Cu rătăcirea gândului prin lume,

C-un vis ce vrea pe-o cale înapoi.

Vin toamnele cu zbor pierdut în stoluri,

Cu iarbă ruginie pe câmpii,

C-un suflet ce trăiește-atâtea doruri

Și-mbătrâniri în anii timpurii.

Vin toamnele, vin și a noastre toamne,

Cu ochii drum, cu așteptări în prag.

Ah, doamnele, în toate-s vieți de mame,

În toate gând, în toate dor, în toate drag.

COMPARAȚII

Pășesc tăcerile pe hol

În bezna nopții fără umbre.

Un vânt ce șuieră în gol

Mi-agită gândurile sumbre.

Nostalgică prin amintiri,

Torn un pahar de roșu sec.

Compar tristeți cu ferriciri

Și număr anii care trec.

ÎN OSPEȚIE

Pe-acest tărâm suntem în ospeție
C-o combinație de stări într-o desagă,
Pășim grăbiți prin timp cu măreție
Și vrem mereu ca toți să ne înțeleagă.

Avem emoții, supărări, melancolii,
Trăim trăiri din gânduri ce ne leagă.
Se mai întâmplă să mai plângem bucurii
Și-ascundem din tristeți o viață-ntreagă.

Rămânem uneori pierduți de noi,
Atunci când sângerează-n suflet rana,
C-un drum în față, unul înapoi
De nu mai știm unde ne duce goana.

Când am venit, ne așteptau părinții,
Frumoși și tineri, la început de drum.
Ne-au ospătat și ne-au primit fără condiții,
Să înțeleg și să-mi explic nici nu știu cum.

Când vom pleca, copiii ne-or petrece,
Din prag de casă și din timp de ospeție
Într-un târziu de toamnă, în iarnă rece,
Lăsând tot ce am strâns ca bogăție.

SUNTEM

Suntem zâmbet și plâns

Într-un dor neînvins,

Suntem rugul aprins

În iubiri ce-am promis,

Suntem taină-ntr-un vis,

Suntem gândul nescris...

Suntem noi, unici noi,

Ca un soare în ploi,

Ca o pace-n război

Neștiuți rătăcim înapoi

Și prea plini și prea goi,

Suntem noi, unici noi...

VIAȚĂ OMENEASCĂ

Vise rătăcite dintr-un gând în altul,
Nu găsesc cuvinte vremii să-i răspund.
Mare e plăcerea pe cât și păcatul...
Unde-ar fi de mine eu să mă ascund?

Arșiță de vară, vânt și dor pribeag...
Nu mai știe nimeni ce-mi trăiește-n suflet.
Să-mi doinească timpul doinele ce-mi plac,
Poate aș uita cum e să mai sufăr.

N-am să fiu de ceartă nici de plictiseală,
Râd la toată lumea și vorbesc cu drag.
Vise rătăcite-n viața mea reală
Nu mă las înfrântă și nici să mai zac.

Viață omenească mi-a fost dat să am,
E blestem sau poate e un dar ceresc.
Am învins prin soartă când nici nu credeam.
Pentru „Viață", Doamne, eu îți mulțumesc.

FIIND FEMEIE

Fiind femeie, te-am ales pe tine,
Să-mi fii iubitul meu, să-mi fii bărbat,
Căci lângă tine gust de viață-mi vine
Și-atâtea noi mai încă-am învățat.

Doar numai tu tăcerile-mi citești
Ca pe-un ceaslov indescifrabil scris.
Îți mulțumesc, căci știi să mă iubești
Și niciodată nu te-ai dat învins.

Fiind femeie cum am fost și sunt,
Nu mai lăsat o clipă să mă pierd.
De câte ori am început să plâng,
Cu duioșie tu m-ai strâns la piept.

Și ca un crez te am în viața mea,
Ca o tinctură bună pentru leac
Și numai tu, doar tu m-ai vindeca
...Fiind femeie, iubirii pot să zac.

DACĂ A FOST

Dacă a fost în viață ca să mă nasc femeie
Prin hotărârea zămislirii Tale, Doamne,
Ce am crescut în pântec sub inimă de zeie,
Îți mulțumesc de toate, în față la icoane.

Dacă a fost să fiu pentru părinți ca dar,
În timp o alinare și-un leac de vorbe bune.
Mă binecuvântează, să nu fiu în zadar,
Să nu mă ducă pasul pierdută-n astă lume.

Dacă a fost să fiu aleasă-n rol de soață,
Să simt iubirea pură în crengi și rădăcini,
S-avem o legătură ca-ntr-un altoi pe viață
Nu ca sălbăticiunea, din toate numai spini.

Dacă a fost să am un nume demn de mamă,
Mă rog la Prea-Curata pentru copilul meu:
Mi-l apără de toate, de rău, de boli, de teamă,
Mi-l apără și Tu, Prea-Bune Dumnezeu.

Iar dacă o fi să fiu cândva uitare pentru toți,
N-o să mă plâng pe nimeni, nici pe soartă.
N-o să cerșesc din milă, nici cerșetor la porți,
Nici n-am să cat să fiu ca dreaptă-n judecată.

Îmi voi găsi toiag după puteri și vreme
Și-o traistă să-ncapă doar câteva din toate,
Căci cineva oricum o vrea ca să mă cheme
Acolo, undeva, în viață după moarte.

BĂRBAȚII MEI

De bucurie plâng și râd în colț de masă,

Când vă privesc pe voi, bărbații mei

Îmi sunteți dar în viața mea frumoasă

Și binecuvântare sfântă a dragostei.

Îmi sunteți zbucium și liniște în gând,

De sete apă și de foame hrană.

Bărbații mei, e totul într-un cuvânt,

Soție aleasă am fost să fiu și mamă.

DRAGUL MEU COPIL

Dragul meu copil, ascultă
Și-nțelege ce îți spun
Viața e un ring de luptă,
Tu, rămâi mereu om bun.

Știu ce zic, am fost ca tine,
Dacă mă întrebi de poți?
O să poți, ascultă bine,
Toate-n minte să socoți.

Să nu râzi de nici un om,
Să nu-njuri, să nu urăști,
Să nu rupi nici ram din pom,
Nici să porți mai multe măști.

Să iubești cum te iubesc,
Eu cu suflet de părinte.
Darul meu dumnezeiesc,
Dragul meu copil cuminte.

IUBIȚI FEMEIA

Când se vorbește rău despre femei,
Păcat că mulți nu vor a înțelege.
Femeie te-a purtat la pieptul ei,
Acel ce crezi că ești în toate rege.

Iubind femeia, poți avea o fiică,
Cu chipul tău în toate-asemănat
Atunci și ție o să-ți fie frică
Să nu-ți rănească fiica vreun bărbat.

Iubiți femeia, sufletul din ea
Și veți avea un înger pe pământ,
Căci poate viața-i este așa de grea...
Tu spune-i cel mai drag și scurt cuvânt.

Iubiți FEMEIA să nu fie rea.

MAMĂ

Din vocea ta blândețea-ți cântă
În graiul bunilor străbuni
Privirea ți-i atât de sfântă,
Asemeni unei rugăciuni.

La pieptul tău crescut-ai pruncii
Cu înțelepciune și cu har,
Căci murmurai din doine versuri,
Zâmbindu-le frumos și clar.

Cu palma când îmi treci pe creștet,
Îmi i-ai durerile din mine.
Aduci la viață pomul veșted
Și-nvii semințele-n țărână.

Iar când te-așezi de oboseală,
Te văd în fața mea icoană.
De toate vreau să-ți cer iertare
Și-ți mulțumesc de viață, Mamă!

ÎNVAȚĂ-MĂ SĂ FIU CA TINE, MAMĂ

Învață-mă să fiu ca tine, mamă,
Când sufletul îmi plânge, eu să râd
Să calc încrezătoare, fără teamă
Și pasul să mă țină de pământ.

Învață-mă să știu iubirea-n oameni,
Să iert trădarea și să-nfrunt durerea
Și în pofida chiar de-or trece anii,
Să le ascund pe toate cu tăcerea.

Învață-mă din tot ce-i omenește,
Din rugăciuni învață-mă să cred,
Căci uite-acolo dragostea trăiește,
Să mă găsesc când va fi să mă pierd.

Învață-mă din tot ce nu de poate,
Să înțeleg și adevăr și-n glumă.
Învață-mă, căci învățând din toate,
Voi fi mai înțeleaptă și mai bună

MAMELOR

De primăveri, de veri, de toamne, ierni,
De arșiță, de vânt, furtuni, de ploi,
Nu vă ascundeți mame nicăieri,
Doar dintre toate grija-i pentru noi.

Din nopți, făcut-ați zile fără număr
Și cuib la sânul vostru pentru prunci.
Poate-ați avut și voi nevoi de-un umăr
Și-un glas ce să vă spună vorbe dulci.

Neobosite, luptătoare printre vreme,
Uitați că sunteți vieți pe-acest pământ.
Chiar dacă-n suflet o durere geme,
Voi râdeți plânsul și oftați în gând.

Știți să iubiți și dăruiți fără a cere,
Din ani ați dat fără a vrea nimic în loc.
De unde, mamelor, aveți așa putere?
Căci noi ne minunăm de-așa noroc.

Ne sunteți îngeri păzitori din zămislire,
Ce ne urmați în viață pasul unde-ar fi.
Măicuțe dragi! Venim cu mulțumire
Și închinăciune spre iertare zi de zi.

CEA MAI ÎNALTĂ ȘCOALĂ

Ce ciudați mai suntem, ce ciudați,
Ne grăbim să creștem și plecăm,
Căci așa ne credem împăcați
Rătăciți prin lume să învățăm.

Poate nici nu suntem vinovați
C-așteptăm din an să vină toamna
Și să ne întâlnim la facultăți
Cu Maria, Nicu și cu Ana.

Adunați cu toții la cafele,
Mai schimbam din vorbe și-amintiri.
Toate sunt din ghemul vieții mele,
Am avut și eu de-așa trăiri.

Și a fost o zi când toți ne-am dus,
Tot cu amintiri din facultate,
Numai rău că nimeni nu ne-a spus
Școala cea mai bună dintre toate.

Rătăcind ca om pe-acest pământ,
Prin înțelepciune mi-am dat seama,
Căci din toate școlile ce sunt,
Cea mai înaltă școală este mama.

BUNICO

Ah, mâinile tale, muncite și calde
Bunico, îmi mângâie fața...
Și spune-mi mai încă din toate trăite,
Căci știi cum e viața...

Las capul în poală, așa ca pe timpuri
Și-aud cum vorbește copilul din mine.
Bunico, îmi aduc de atâtea aminte,
Zâmbesc...și-mi este mai bine.

Miroase a copturi și a pâine de casă
Bunico, ce bune sunt toate...
Nu plânge, fii mândră că ești bogată
Cu nepoți și nepoate.

Și lasă să depine anii cu toate,
Cu rele, cu bune, cu griji și tăcere.
Bunico, ne ești pentru noi ca o carte
Ce vom citi-o mereu cu plăcere.

IUBIRE DE PĂRINTE

Iubirea nu-i în limite trăită,

Nu-i gânditoare și nici nu-i deșteaptă

Poți înțelege doar când ești părinte,

Nu te-ar învinge nici o judecată.

Iubirea n-o poți spune în cuvinte

Și dacă-ai spune-o? Cine ar înțelege?

Ce ai în inimă nu-i aia ca în minte

Și n-ar fi pentru ea nicicând vreo lege.

Iubirea de părinte-i luptă-n sine,

Te lasă victimă, te face învingător

Nu-nțelegeam de nu trăiam în mine

Iubirea pentru dragul meu fecior.

FERICITĂ

Fericită-n fel anume
Rătăcesc în lumea mea
Dând iubirilor un nume
Care naște dragostea.

Știu să spun atât de multe,
Dar prefer să tac cuvinte
Și las timpul să asculte
Din tăcerea ce nu minte.

Sub culori de curcubeie
Și prin stropi de ploi mărunte,
Stau cuvintele sub cheie
Și mă pierd în toate mute.

Rătăcind în lumea mea
Ca-ntr-o zare îndepărtată,
Fericită cum mă vrea
Viața mea de altă dată.

MINUNE

Doamne, ce frumos sunt așezate toate,
Tot privesc în juru-mi și mă minunez.
Cred că ai în ceruri cea mai bună carte
După care lumea jos o croșetezi.

Dintr-un an cu cele patru anotimpuri,
Ne-ai dat primăvara plină de speranță,
Glas de călătoare ce răsună-n crânguri
Și natura învie pentr-o nouă viață.

Îmbrăcat e câmpul cu atâtea flori,
Prinse într-o horă ca de sărbătoare,
Se revarsă-n zare fel de fel culori,
Răspândind mirosuri care mai de care.

Soarele se-nalță mai devreme-n zori
Și coboară seara mai târziu spre-apus
Ca să urmărească zborul de cocori
Ce din țări străine acasă l-au adus.

Doamne, ce frumos sunt așezate toate,
Ne-ai dat primăvara plină cu speranță.
Cred că ai în ceruri cea mai bună carte
După care lege lumii îi dai viață.

CREDINȚĂ

Pentru-atâtea gânduri, slove nu găsesc,
Omenesc ca toții viața îmi trăiesc.
Dintr-un timp ce trece am rămas tot eu
Cu credință-n toate și în Dumnezeu.

Soră mi-i dreptatea, adevărul frate,
Mi-au fost călăuză peste tot și-n toate.
Unde-aș fi în lume, duc un dor de-acasă
Și vorbesc cu drag limba mea frumoasă.

Chiar de uneori poate să mă doară,
Nu vorbesc de rău de părinți și țară.
Ei mi-au dat un nume, mi-au lăsat un port,
Ca să uit de toate nici nu vreau să pot.

Ca o apă curge timpul călător,
Am și bucurii, am și răni ce dor...
Într-o vreme rece am rămas tot eu
Cu credință-n toate și în Dumnezeu

MĂ CHEAMĂ DORUL

Într-o lume-atât de neînțeleasă,
Rătăcesc și eu pe undeva.
Poate e mai bine ca acasă,
Dar mă cheamă doru-n țara mea.

C-am lăsat sub pernă niște vise
Și în colț de masă un pix și-o foaie
Unde niște versuri se cer scrise
La lumina caldă din odaie.

Și-aș aprinde candela-n unghere,
Să rostesc în gând din rugăciune
Revenind în pace și putere
Ca să fie numai toate bune.

Iar din pragul casei, dimineața
Să aștept pân s-or aprinde zorii,
Căci atât de dragă-mi pare viața,
Când sub ochii tăi îți cresc feciorii.

Da, acolo-i tot ce am mai sfânt:
Ani din viața mea, cei mai frumoși
Și sub piatră rece de mormânt
O mulțime de ai mei strămoși.

AȘTEPTARE

E primăvară, pomi înmuguresc,
Se-ntorc din țări străine călătoare.
Ochii măicuței înspre drum privesc,
Poate ne vede coborând la vale.

Oprindu-și pasul la un colț de prag,
Mai obosită pare-a fi, mai gânditoare
Când nu mai trece nici copilul drag,
Oftatu-i lung și grea e-o așteptare.

Un dor o doare, noaptea când se lasă
Și lăcrimează-n timp de rugăciune.
Mă-ntreabă des: Când vii copile acasă?
Căci mai avem atâtea a ne spune.

Îi văd o teamă-n gând și strigă o frică.
Nu știu ce aș răspunde la întrebare...
Ascult s-aud, ce vrea să îmi mai zică,
Căci e prea lungă a mamei așteptare.

CE-I, MAMĂ, ACASĂ?

Ce-i mamă acasă? S-o fi întors cocorii
Și iarba a început s-aștearnă verde,
Se simte-n curte din mirosul florii
Și în ecouri ciripit se pierde.

Pe cărăruie trec la vale copilițe?
Zglobii și tandre cu bujori în obrăjori.
Mai poartă fetele acum cosițe,
Cum le purtam și eu la vremea lor?

Ce nou mai este? Ce s-aude-n sat?
Mai trece cineva să vă mai vadă?
Te-ntreb așa, c-un dureros oftat,
Căci cine ar putea să mă-nțeleagă.

Iar despre noi ce aș putea să spun?
Mai bine lasă, nu-ntreba nimic,
Trăim senzații de un dor nebun,
Nici n-aș putea vreodată să explic.

Mi-i gândul unde neamul mi se strânge,
Unde-am trăit o viață țărănește,
Unde-aș putea să râd, unde aș plânge,
Unde în limba mea se mai doinește.

DIN PAȘII TIMPULUI

Din pașii timpului, rămâne amintirea
Cu toate vise, toate întâmplări,
Unde împărțeam cu frații fericirea
Și nu trăiam mulțimi de remușcări.

Eram acasă, toți pe lângă mama,
La cuibul părintesc, frumoși, zglobii.
Acum că timpul trece îmi dau seama,
Atunci aveam din toate bucurii.

De sâmbătă, o zi mai specială,
Cocea cuptorul plin cu bunătăți
Și mai făcea ceva gustos în oală,
Poate mai vin prieteni la băieți.

Iar în duminică ne pregăteam de ducă,
Bunicii ne-așteptau pe toți ștrengarii.
Noi le spuneam tătucă și mămucă,
Ei ne iubeau frumos pe fiecare.

O, Doamne, Dumnezeule, ce viață!
Acum îmi dau de seamă ce-am trăit.
Vedeam mai multe zâmbete pe față
Și mai frumos părea un răsărit.

Din pașii timpului avem doar amintirea,
Căci doar acolo omenesc a mai rămas.
Acolo-n grabă am lăsat și fericirea
Și tot frățescul ce ne-așteaptă la popas.

FRAȚILOR

Parcă-o glumă a fost să fie,
Mari am vrut să creștem toți,
Dar nicicând n-o să mai vie
Anii noștri, când socoți.

S-au dus timpurile-n grabă,
Noi crescut-am, frații mei.
Azi părinții ne întreabă
De nu trecem pe la ei.

Alte griji și-o altă viață,
Alte gânduri ne încearcă.
Fraților! Eu dau pe față,
Vreau să mă întorc la joacă.

Sub rotatul nuc din poartă
Care ne umbrea de soare.
Lângă mamă, lângă tată,
Să fim toți în sărbătoare.

DUMINICA ÎN SAT

Satule cu drum de piatră
Și fântână la răscruce.
Gândul meu prin el mă poartă,
Dorul meu la el mă duce.

Clopote de sărbătoare
Dau tăcerilor un nume,
La biserica din sat
A venit atâta lume.

E duminică și mama
Pune iar bucate-n masă,
Căci copiii ei pe bune,
Poate s-or întoarce-acasă.

Se mai joacă azi o nuntă
C-o mireasă și c-un mire.
Ea frumoasă și tăcută,
El vrăjit de fericire.

Într-o margine, deoparte,
Doi bătrâni cuminți se uită,
Căci au viața ca o carte
Și frumoasă și durută.

Satule! Mă-ntorc la tine,
Că-mi ești vers și-mi ești cântare,
Ești mândrie pentru mine
Și ești raiul de sub soare.

CÂT NE SUNT PĂRINȚII

Cât ne sunt părinții vii la casa lor,
Înalbiți de griji și bolnavi de dor,
S-auzim cuvântul sfânt din rugăciune
Revenind la ei adunați din lume.

Timp n-avem cu toții, ne grăbim în tot,
Nici părinții noștri azi ca ieri nu pot.
Poate au mai încă multe să ne spună,
C-am rămas cu toate undeva în urmă.

Tainică durere în oftat se frânge,
Tata-i dus pe gânduri, mama-n sine plânge,
Ascunzându-și teama în colț de basma.
Iată toamna pleacă, iarna vine grea...

Se izbește-n goluri clanța de la poartă,
Ochii dragi, blajini, pașii ne așteaptă...
Cât ne sunt părinții vii la casa lor,
Mai avem o vatră și ne cheamă un dor.

DOR DE NOI

Au trecut acele timpuri,
Alte timpuri au venit.
Fraților, e-atâta vreme
De când nu ne-am întâlnit.

Eu m-am dus de mult de-acasă,
Cel mai mic a fost plecat,
Dar acum s-a dus în lume
Și acel rămas în sat.

Zi de zi vorbesc cu mama
Și-i întreb de sănătate.
Poate se simțeau mai bine,
Să fi fost și noi aproape.

Iar e toamnă, strâns de roade,
Alergat din câmp în câmp.
Multă muncă, brațe slabe,
Nici ei tineri nu mai sunt.

Iar mai altă ieri îmi spune
C-a avut și insomnie,
Nu putuse un ochi să-nchidă.
Doamne, ce putea să fie?

După ce-am vorbit cu dânsa,
Mi-am pus gândul la îndoială.

Cum putea să doarmă mama,
Când copiii nu-s grămadă.

Să trăiești cu dor în piept
Și cu atâtea griji în minte,
Să aștepte rând pe rând,
Poate numai un părinte.

Și de toate amintite,
M-a cuprins o nostalgie,
Căci vroiam chiar azi acasă
În a mea copilărie.

Să-mi strig frații de la joacă,
Să-mi văd nucul de la poartă,
Să mai stăm cu toți la masă.
Dor de noi, de altă dată.

FRATELUI

Pentru Pavel

Te aștept la ora cea de ceai,
Să mai discutăm din gânduri mute.
Mai cu zile-n urmă îmi spuneai
Că aveai un chef de vino-du-te.

S-a răcit din vremea de afară,
Toamna mai rămâne-n niște ore.
Ce mai nou ai mai adus din țară?
Eu mai am senzații de dolore.

Mi-i un fel de jale și de teamă,
Parcă n-o fi fost să fim de-acasă.
Timpurile toate se destramă
Și urzeala-n țesătură-i arsă.

Tu ce crezi? Ce gând în minte ai?
Ce concluzii pui în meditații?
Te aștept la ora cea de ceai,
Să vorbim între străini ca frații.

COLIND BUNICULUI

La cântatul de cocoși,
Peste sat se varsă zorii.
Ieși bunicule în prag,
Ți-au sosit colindătorii.
Am venit după tradiții,
Noi, cu vechea ta colindă.
Ieși bunicule de-ascultă,
Dacă poți măcar în tindă.
Să ți-o colindăm în voce,
Sufletul să ți-l atingă
Din creștină sărbătoare
Cerul peste noi să ningă.
Fulgii albi, mășcați să cadă
Ca un semn trimis de sus,
Că auzi colinda noastră
Ce-o cântăm despre Isus.
Cu tradiții din străbuni,
Noi, cu vechea ta colindă
Te-așteptăm să ieși în prag,
Te-așteptăm să ieși în tindă
Sa ne vezi, să te vedem,
Să ne-auzi cu drag cuvântul
Din colinda care leagă
Omul, cerul și pământul.

SE APROPIE CRĂCIUNUL

Încet, încet s-apropie Crăciunul,
Iar eu copil m-aș mai întoarce-n timp,
Să repetăm colindele cu bunul
Și să trăim mai încă-un anotimp.

Acolo, unde toate-au fost poveste
Și fericiri și bucurii din tot măruntul,
Acolo, unde gândul mai trăiește
Cu tot frumosul și cu tot trecutul.

O, Doamne! Ce mai viață înainte,
Când mă afund în oază de-amintiri,
Nici nu-mi ajung descrieri în cuvinte,
Ce iarnă-n sărbători, ah, ce trăiri...

Bunica-n noapte plămădea-n covată,
După rețeta străbunici aluatul.
Neobosite, neîntrecute, au fost odată,
Când mirosea-a coptură în tot satul.

Făceau bucate fel de fel în oale,

Tăiau un porc, pârlit cu paie, țărănește

Și alegeau pentru cârnați, pentru pârjoale.

Atunci se mai trăise omenește...

Căci mai veneau cu cetele colindătorii

Și ne vesteau că s-a născut Isus.

Colinde răsunau pân la-nălțat cu zorii.

Frumoase vremuri. Unde au apus?

Chiar dacă se apropie Crăciunul,

Nu mai suntem în ritm de sărbătoare.

Colindători nu mai așteaptă bunul,

Nici nu mai cântă nimeni „Steaua sus răsare".

ASTĂZI E CRĂCIUNUL

Bună dimineața! Mamă, ce mai faceți?
Timpul cum e-acasă? Plouă? Îngheață? Ninge?
Astăzi e Crăciunul. O s-aveți și oaspeți?
Mamă, eu te rog, nu începe-a plânge.

Știu, promit de mult că de sărbători
Și la Paști am spus și la hram și acum.
Dor și mie-mi este de colindători,
Dar e cam departe și e mult un drum.

Dacă a mai rămas cineva prin sat,
Vezi, poate-o să treacă pe la noi copii,
Dă-le ce le dai, dar din ce-ai lăsat,
Dă și niște bani, pentru bucurii.

Din bucate, mamă, ce-ai mai pregătit?
Ia din toate proaspăt, du-i și la vecină.
Poate nici la ea nimeni n-a venit
Și-i rămasă-acasă singură, bătrână.

Mi se pare mie sau te strigă tata?
Sub fereastră cântă mici colindători.
Focul arde-n vatră, masa este gata,
Noi pribegi în lume pe de sărbători.

LA MULȚI ANI!!!

Un an se duce, altul vine,

Noi cu suflete creștine

Domnului să-i mulțumim

Pentru viața ce-o trăim.

Și pe anul nou din prag

Să-l primim cu mare drag,

Cu iubire creștinească,

Căci și el să ne iubească.

Să ne-aducă-n dar de toate,

Dar mai multă sănătate,

Gânduri bune, bucurie,

Sa ieșim din sărăcie

Și de sărbători, acasă

Oameni dragi s-avem la masă.

Ploile la timp să cadă,

În hambare fie roadă,

Apă limpede-n izvoare,

Liniște între popoare,

Zile bune și prospere,

De la Dumnezeu putere.

Toate fie minunate.

La mulți ani cu sănătate!

SĂ FIM MAI BUNI

În anul nou, sa fim mai buni cu noi,

Să toarne gânduri luminate peste minte.

Pentru acei flămânzi, desculți și goi,

Să fim ca frate și ca un părinte.

S-avem un zâmbet pentru fiecare

Și un salut, chiar de e om necunoscut,

Pentru cel trist, cuvânt de-ncurajare

Și cale pentru acel ce s-a pierdut.

DE-AŞ FI ŞTIUT

De-aş fi ştiut când am plecat de-acasă
Că duc în lume anii tinereţii mele,
De-aş fi ştiut ce ţară am frumoasă,
Mă împăcam cu bune şi cu rele.

De-aş fi ştiut, opream din ducă pasul
Şi mă ştiam la mine acasă mândră,
Cu îngăduială se rotea şi ceasul
Şi întârzia argintul timpuriu la tâmplă.

De-aş fi ştiut, mă-nţelegeam cu mine
Şi poate nu era de toate ca să-mi pese.
Trăiam şi azi copilul rătăcind coline
Şi aşezam în câmpul verde mese.

De-aş fi ştiut, îmi era de ajuns lăicerul,
Ce mi-l lăsase zestre a mea bunică.
În dimineţi să văd albastru cerul
Şi soarele spre nalt cum se ridică.

Acum le ştiu şi-am înţeles din toate
Ce-i viaţa noastră pe acest pământ?
Nu mi-ar păsa ce alţii spun în spate,
Acasă mă văd omul cel mai fericit.

ADUCERE AMINTE

Mi-i gândul supărat de o nedumerire,
Aducerea aminte mă cheamă înapoi.
Îmbobocesc acasă de floare trandafirii
Și-i un miros specific a stropilor de ploi.

Pe cărăruie iarba e fragedă-verzuie,
Vecina face varul să văruiască pomii,
Vecinul ce fusese, acuma iată nu e
Și nici copii zurlii să facă bazaconii.

E-nchisă băcănia unde de mici venisem,
Nerăbdători în ziuă să cumpărăm ceva.
Ah, parcă numai ce trezită-m-am din vise
Și rătăcesc pierdută de-atunci pe undeva.

O candelă mai arde alene la răscruce
Și-un clopot în ecouri se zbenguie a jale,
De la lăcaș se duce un sfeșnic și o cruce,
Căci a plecat din viață mătușa de pe vale.

Sub pași îmi fuge drumul, fiind nerăbdătoare,

Ajung la poarta casei cu lacrima în gene.

Din mărul cel bătrân mai ninge încă floare,

Dar nucul. Unde-i nucul? N-a mai putut de vreme.

Și iată, îl văd pe tata în capăt de grădină,

Eu nu mai am răbdare ca să-l întreb ce face.

Pe ușă iese mama cu un ștergar în mână.

Ah, cum mă mai așteaptă și pâine astăzi coace.

Iertați-mi dragi părinți din tinereți plecarea,

Pentru nesomn în noapte și grijile în doi.

Oftatul e adânc și mare-i așteptarea

Pân vezi la vatră iarăși copiii înapoi.

Vă înțeleg durerea și mă apțin din plâns,

N-aș vrea să știți nicicând ce doruri eu trăiesc.

Spuneai ceva tăicuță, mai spune-mi ce ai zis.

...Așa frumos e totul și-atât de omenesc.

COLȚ DE RAI

Nu sta îngenuncheată țară
Și plânsă-n lacrimi de-așteptare,
Ești loc de frumusețe rară
Și neînlocuit sub soare.

Plecat-am, știu, dar dor îmi este
De tot ce am lăsat acasă
În iarnă, noapte cu poveste,
În vară, grâul bun de coasă.

De ploaia ta mi-i dor, de luncă,
De murmurul de la izvor,
De oamenii în câmp la muncă
Cu apa rece în ulcior.

Mi-i dor de turma de mioare
Pe dealuri verzi cu iarbă deasă.
O, colțul meu de rai sub soare,
O, țara mea, cea mai frumoasă.

TE-AM VISAT, BUNICĂ

Te-am visat, bunică, chiar aseară,
Atât de bine am vorbit cu tine.
Erai în casa ta ca dinioară
Și-n vechiul tău cuptor coceai iar pâine.

Același păr buclat aveai, bunică,
Dar înalbit ca fulgul de zăpadă.
Te-ai dus încă de când eram eu mică
Și ai lăsat tăcerea în ogradă.

E necălcată-n fața casei iarba,
Nemuruită-i prispa ani la rând.
Mă duc la ușă și mă uit degeaba,
Căci nu-mi deschide nimeni ca sa intr.

Nu te mai văd de mult cu poala plină
Pe pragul casei tale bătrânești,
Așteptând nepoții ca să-ți vină
Și cu blândețea ta să le vorbești.

Numai un pic am stat de vorbă, o clipă,
Numai pe-o clipă ușa s-a deschis.
Îmi pare rău că nu mai ești, bunică,
Și-s mulțumită c-am vorbit în vis.

DE VORBĂ CU BUNICUL

Când plec acasă, am să vin măcar la cruce,
Să stau la masă, lângă al tău mormânt.
Ți-aș duce bunule, înghețată, apă dulce
Și niște fructe care cresc pe-acest pământ.

Îmi voi lua cu mine și-un caiet de poezie,
Să-ți mai citesc din cele scrise peste ani,
Căci numai tu ascultai cu drag și bucurie.
Înțelegând ce spun în versuri, te mândreai.

Ceva și despre mine poate ți-aș mai spune.
Colind în lume, un copil pribeag ca alții.
Sunt zile și mai grele, sunt zile și mai bune
Și mult mai rar ne întâlnim cu frații.

Frumos ca un haiduc mi s-a făcut feciorul,
E înalt, cu ochi căprui și pleată neagră-n vânt,
Dar sufletul mă doare și mă omoară dorul,
Căci eu ca mamă, lui, alăturea nu-i sunt.

Mai plâng ca o femeie și-apoi mă mai ogoi,
Îmi liniștesc oftatul îmbărbătându-mi gândul.
Sperăm la ziua-n care ne-ntoarcem înapoi
Și vom lucra cu drag la baștină pământul.

VIN DIN MOLDOVA

Ca-ntre oameni la un sfat,

Dacă se aduce vorba

Cine întreabă și-a întrebat,

Spun că vin de la Moldova.

Lumei nu-i de-ajuns atât,

Vrea să știe mult mai multe.

Care? Unde? Ce și când?

Eu voi spune. Toți s-asculte.

Și încep cu drag și dor

Despre tot ce-mi amintesc,

Ca un fir dintr-un fuior

Depăn vorba ce-o vorbesc.

Auziți ce zic anume?

Țara mea e-un colț de Rai,

Unde doinele străbune
Sunt doinite-n al meu grai.

Unde-și face rândunica
Cuib sub streașină de casă
Și plugarul ca furnica,
Strânge grâul bun de coasă.

Și e ca un dar divin
Toamnele s-avem bogate.
Dar ce vin, ah, ce mai vin
Și ce masă cu bucate.

La un foc aprins în vatră,
Iarna ne-adunăm cu toții.
Trec din rude să te vadă,
La bunici le vin nepoții.

Iar la răsărit de soare,
Stau creștini în rugăciune

Și-n ajun de sărbătoare

Ne întoarcem iar din lume.

Da, suntem un neam cu datini,
Obiceiuri dragi, tradiții
Și fiind plecați departe,
Dor ni-i să vedem părinții.

Doar așa, din când în când
La Crăciun, la Paști, la hram
Frații toți să ne întâlnim
Sau măcar odată în an.

Ah, dar cum ne scriu poeții,
Despre mamă, despre glie.
Nici că nu-mi ajung cuvinte,
Toate-mi sunt ca bucurie.

Uite-așa vorbesc de toate,
Dacă se aduce vorba.
C-o trăire-n piept ce-mi bate,
Spun că vin din Moldova.

MĂ ÎNCHIN

N-aş punea să trăiesc supărată,

Nici de vină să cred lumea toată,

Căci e viaţa un dar pe pământ.

Mă închin pentru mamă şi tată,

Pentru leagănul meu de la vatră,

Mă închin, Ţie Doamne, că sunt.

CU BUNUL DUMNEZEU

Am strâns atâtea lacrimi grele-n pumn,
Dar am zâmbit când am trecut pe drum,
Căci numai eu și bunul Dumnezeu
Să știe rana sufletului meu.

Când am căzut, ca un orfan m-am ridicat,
Prin rugăciuni ce le-am știut și prin oftat,
Căci numai eu și bunul Dumnezeu
A fost cu mine-n timpul cel mai greu.

Din firul vieții mele în timp ce-am depănat,
Nu zic că am regrete, din tot am învățat.
Cu drag și cu credință în bunul Dumnezeu,
În orice stare-o fi, rămân aceeași eu.

RUGĂ

Liniștește-te suflet,

Regăsește-te gând

Și închină-te chip

Pân la pământ.

Mă adună din toate

Cu trăirea din timp.

Leac să-mi fii mie, Doamne

La tot răul ce-l simt.

Dacă vezi că trăiește

Din mândrie în mine,

Doamne, mă lecuiește,

Ca să-mi fie mai bine.

Să nu simt nici din ură,

Nici din omul zgârcit.

Să faci, Doamne, din mine

Un copil fericit.

DOAMNE, VOIA TA

Doamne,

Ce frumos e când văd dimineața,

Când mă plimbă pașii într-o nouă zi

Cu recunoștință aplecându-mi fața,

Cat alese slove pentru ați mulțumi.

Doamne,

Mă căiesc pentru necredință,

Pentru gânduri rele rătăcite-n minte.

Dă-mi iertare-n toate, timp și pocăință

Și-nțeles să-mi fie dorul de părinte.

Doamne, fă în voia Ta,

Binele să-mi fie glas de biruință

Și să-mi stea în grai leacul de cuvinte,

Sa ajut tot omul cel cu neputință,

După cum le spune toate cele sfinte.

CÂND ÎNȚELEGI

Mă uit în urma mea mirată
Și-mi zic că am tării de fire,
Problemele de altă dată
Sunt glume azi din fericire.

Abia când înțelegi cu anii,
Că timpul trece nu-nzadar...
Și cei bogați ca și sărmanii
Gustă amarul din pahar.

Nu mă cred sfântă între sfinți,
Nici prea bogată între lume.
Bogată sunt că am părinți
Și mamă are cine-mi spune.

Am dor și neam în țara mea
Cu sărbători în rugăciune.
Viața-i frumoasă, chiar de-i grea,
Dar s-o trăim cu-nțelepciune.

Și azi din greul ce-l văd eu,
Mâine-o să râd în sinea mea.
Rugându-mă lui Dumnezeu,
Din greutăți mă va salva.

DURERE A MEA „UN FLEAC"

Vorbesc privirile când eu aş vrea să tac
E viaţa frunză-n anotimpuri pe copac.
Mă-ncumet să mai plâng furiş în vreme,
Aş îndrăzni să strig, dar şi m-aş teme.

Când văd dureri mai mari şi fără leac,
Durerea mea îmi pare-a fi un fleac.
Îngenunchez la Domnul sa mă ierte,
Să-mi limpezească mintea de regrete.

Şi-i mulţumesc, îi mulţumesc neîncetat
Pentru cei dragi, pentru copil, pentru bărbat,
Pentru că am să pun ceva pe masă
Şi-un loc unde pot spune că-i acasă.

Mă-ncumet să mai plâng, dar mă împac
E viaţa frunză-n anotimpuri pe copac.
Când văd dureri mai mari şi fără leac,
Durerea mea îmi pare a fi un fleac.

AR FI O FERICIRE

Aş îmbrăţişa la piept pământul,

Măcar pentr-o vreme de-aş putea

Alegând ca terapii cuvântul,

Sufletele-n oameni aş salva.

Pentru mine-ar fi o fericire

Şi împăcat un gând în mintea mea.

Nu aş vrea nimic ca mulţumire...

Doamne, numai dacă aş putea.

O PICĂTURĂ

Toți știu cum ar fi mai bine
Să te-nvețe, să-ți dea sfat,
Dar la greu cine-i cu tine?
Ești străin, pierdut, uitat.

Știu ce spun, sunt conștientă,
M-a durut enorm de mult.
Am să fiu la tot atentă
Și voi ști ce n-am știut.

Viața-i una, trece-n grabă,
Toți te judecă, te-njură.
Fii deștept, învață, întreabă
Ești din tot o picătură.

Și din mica-ți importanță
Fii iubire pentru oameni,
Fii lumină-n altă viață
Și ajută toți sărmanii.

Nu fi rău, cum au fost alții
Când erai căzut, zdrobit.
Frații își ajută frații,
E o vorbă spusă-n mit.

Fii din picătura mică
O lumină pentru drum,
Fii o mână ce ridică,
Fii din totul cel mai bun.

ASCULTĂ-MI PAȘII

Ascultă-mi pașii, căci pleacă undeva,

Sunt frământați de gânduri și de dor.

Ascultă-mi pașii, dar nu mă judeca,

Nu vei putea să stai în calea lor.

Adun trăiri în călcătură de pribeag

Cu răni deschise, sângerând nepăsător.

Ascultă pașii și înțelege ce mi-i drag

Prin toate sunt, prin toate trecător.

Mă modelează timpul ca pe-un lut

Și-i vine așa de simplu și ușor...

Ascultă-mi pașii cu toate din trecut,

Căci am prea multe urme ce mă dor.

NE ÎNTREBĂM MEREU

Ne întrebăm mereu: De ce? De ce? De ce?

Trăim în alte timpuri și altă viață e.

Sunt alte generații, care sunt fii din noi,

N-a fost să fim prea buni aleși de portaltoi.

Ne punem întrebări, fără s-avem răspunsuri.

Din toate cu greșeli, cum am opține plusuri?

Avem un „Eu" al nostru și o mândrie-n noi,

Nu vrem să recunoaștem, de suflet suntem goi.

Ne-am blestemat tot neamul ce va veni să fie

Cu nepăsarea noastră din ură și prostie.

Ne plânge Dumnezeu cu milă și cu teamă,

Căci am uitat de El, de tată și de mamă.

Rămas-am prea străini în lumea asta mare,

Ne mai având un leac la totul ce ne doare.

Trăim în alte timpuri, o altă viață e,

Dar ne-ntrebăm mereu: De ce? De ce? De ce?

RĂTĂCIȚI

Nedumerită într-o clepsidră cern nisipul,
Forțând gândirea toată să-nțeleagă.
Se duce timpul sau că vine timpul?
C-o nepăsare infinită toți aleargă.

Ne-asemănăm prin chip și definiții,
Așa cum ne-a descris după scriptură.
Necruțători din limbă-mi mușcă dinții,
Cred că e semn să pun sigil pe gură.

Nu pot. E-o temă care cere explicații.
Vreau să-nțeleg, vreau să aud răspunsuri.
Unii din noi se nasc deja cu obligații
Și încă cu atâtea și atâtea neajunsuri.

Alții nu știu de unde vin și unde pleacă,
Căci li s-a zmult fără de milă rădăcina
Și încă câți impuși în limba lor să tacă,
C-o teamă să nu-i ia de vii țărâna.

E-o nedreptate, după ce avem în calcul,

Copii ce mor din contracepții benevole.

Ucidem tot din noi și așteptăm miracol

Așa cum Ana a fost să-i fie lui Manole.

Ne modelează interesul cu intenții,

De am ajuns să fim o combinație de stări.

Am merge pentru toate-n intervenții,

Dar unde-am merge pentru remușcări?

E bine așa. Obișnuiți cu tot ce doare,

Cu gust de-amar neînțeles de dulce.

Neștiutori, nepăsători, fără valoare

Și rătăciți într-o mulțime la răscruce.

UNDEVA

Un gând îmi aleargă undeva să se ascundă,

Eu aleg din cuvinte o tăcere profundă

Pot sa râd și să plâng din trăirile toate...

O să tac și-o să lupt ca să merg mai departe.

Simt durere și rană când nici leac nu mai este,

Undeva mă mai cheamă un final de poveste.

Cad din ceruri senine stropi de ploaie măruntă

Și o clipă de vreme din tăceri îmi ascultă.

Aș mai merge prin iarbă ca copilul desculț,

Du-mă timpule, du-mă, undeva să mă uiți

Și din toate, din toate m-aș uita-mă și eu,

Unde nu m-ar găsi nici părerea de rău.

CONCLUZII ÎNȚELEPTE

La rătăcirea gândului bizar,
Ajuns-am la concluzii înțelepte.
Suntem un fel de dulce și amar
În timpul care n-o să ne repete.

Trăim iubiri, trăim dezamăgiri,
Trădându-ne cu-atâta ușurință.
Nu încerca nimic să mă mai miri,
Ca surdo-mutul merg spre biruință.

Mi-e milă uneori de toți ai noștri,
Când vor să pară tocmai ce nu sunt,
Am devenit asemenea cu monștri,
Roboți cu programare pe pământ.

Neînțeleși, neînțelegând, oricum
Ne plângem și ne râdem ca nebunii.
Rămânem o uitare dint-un drum,
Știuți sau poate neștiuți de unii.

În timpul care n-o să ne repete,
Avem un clar de noi neclar în toate.
Ajuns-am la concluzii înțelepte,
Căci să asculte, nimenea nu poate.

DE-AŞ PUTEA

Străini în străini, acasă străini

Te uită sătenii, te uită vecini.

Trec anii ca gândul pe-alături de noi

Şi nu mai întoarcem nimic înapoi.

Ni-i dorul acasă, noi încă în drum,

Pornit-am de mult, s-ajungem nicicum.

Averile toate înseamnă nimic,

Acum de-aş putea în trecut să-mi explic.

OMORÂM

Necinstind valori ce sunt lăsate,
Omorâm încet un neam şi-un grai.
Am închis trecutul ca pe-o carte
Cu frumosul ce venea din Rai.

Nici cântat de cuci nu mai răsună,
Căci nu au o creangă sub picior.
Tot copacu-a fost să se supună
Sub o nepăsare crudă de topor.

Într-un sunet răguşit de disperare
Dangăte de clopot se mai zbat,
Ca o rugăciune spre chemare
Toate au rămas într-un oftat...

Tot mai rar ne duce pasu-n locuri,
Unde ne-am pornit cândva în lume.
Mai crezând în pas de nenorocuri,
Ne-am schimbat şi port şi grai şi nume.

Mamele ne-aşteaptă să venim,
Cu un gând de aş vedea nepoţii.
Rătăcind prin timp îmbătrânim...
Când o fi să ne-ntâlnim cu toţii?

Mi se rup tăceri din gândul meu
Şi ca un copil le spun pe toate.
Greu îmi vine ca să cred, prea greu,
Am închis trecutul ca pe-o carte.

E DOAR VINA NOASTRĂ

Vine și se duce-o primăvară,

Răscolind în amintiri din ani.

Mă uimește și mă înfioară,

C-am trăit o viață de doi bani.

Răstigniți de gânduri ca pe cruce,

Chinuiți ne zbatem înspre ieri,

Drumul s-a oprit la o răscruce,

Caci nu vrea să ducă nicăieri.

E doar vina noastră de ne doare

Ce-am vorbit și ce-am trăit odată.

Cine-mi va răspunde la-ntrebare?

Toți ne pierdem, nimeni nu ne cată.

CINE AM FOST ȘI CINE AM AJUNS

Dintr-o țară cu frumosul nume

Și cu-atâtea datini din străbuni,

Am fugit și rătăcim în lume

Pentru-un trai și niște ani mai buni.

Dar ce fac bunicii noștri, frate?

Cum trăiesc în sărăcii, acasă?

Nu au bani de viață, nici de moarte,

Nici de-o pâine proaspătă pe masă.

Mâini muncite, chipuri întristate,

Ochii plânși de chinuri și de greu.

Peste tot și în oraș și-n sate,

N-au sărmani-n buzunar un leu.

Cum să le îndure ei pe toate?

Doamne, oare văd acei de sus?

Ce blesteme astea? Ce păcate?

Cine-am fost și cine am ajuns?

OBLIGAȚII

Într-o lume ce vine de azi,
Am ajuns să trăim obligații.
Fii atent, nu cumva ca să cazi,
Gratis nu te ridică nici frații.

De copii ce mai vorbă să fie,
Telefoane de noi generații.
E prin lege această prostie
Ca să ai pentru tot obligații?

Să nu moară dugoșii de foame,
Ceilalți sunt obligați să lucreze.
Obligate s-aștepte sunt mame
Și de ani dacă-o fi să dureze.

Doamne! Ce e cu omul din noi?
Pe pământ rătăcesc blestemații.
Cei de azi sunt de toatele goi?
Cei de ieri încă au obligații.

DIFERIȚI

Noapte la fereastră, beznă peste lume,
Tremură în umbre ramuri de copac.
Am rămas să aflu între eu și nume
Cine-o să-nțeleagă gândul meu când tac?

Parcă ar fi o teamă, dar nu asta-i tot,
Fiecare-n parte știe-un crez al său.
Tot ce crede altul, eu să cred nu pot,
Nu știu dacă-i bine, nu știu dacă-i rău.

Are-o vorbă mama, care mi-o repetă.
Înțeleg ce-mi spune, înțeleg ce vrea...
Rana nu-i un scris pe asfalt cu cretă
Și când vine ploaia, uite că mi-l ia.

Iert, căci e firește, dar să șterg din minte?
Răul nu ți-l face cel ce nu te știe...
Zău că nu aș vrea să-mi aduc aminte,
Căci în amintiri sunt ca-n pușcărie.

Mă-mbrâncesc ecouri și mă dor cuvinte,
Cine nu înțelege, cine nici nu vrea.
Diferiți în toate, pân și-n cele sfinte,
Pentru cine bună, pentru cine rea

Autor: Andrian Cosovan

Veronica Cuzub

născută la 07.10.1981
s. Șuri, raionul Drochia

Părinții: Andrei și Tamara.
Studii:

Școala medie din satul natal „Viorel Ciobanul" (1988-1997).

Școala profesională N-7 din or. Drochia (1997-1999).

Profesia: Cusător de haine ușoare pentru dame și copii.

Colegiul Agricol din s. Țaul r. Dondușeni (2002-2005).

Specialitatea: Tehnologii agricole.

UASM or. Chișinău (2005-2011). Facultatea Agronomie.

Specialitatea: Agronomie generală.

Se nasc și la Șuri poeți

Am cunoscut această tânără pe rețelele de socializare. Mi-a plăcut poezia ei. După numele de familie mi-am dat seama că suntem din același sat. M-am bucurat mult și în sinea mea mi-am zis: „Se nasc și la Șuri poeți!"

Scrie frumos, din inimă! Citindu-i versul, gândul mă duce des în satul natal, prin locurile copilăriei... Poezia Veronicăi este patriotică! Cât de frumos sună: Poezie Patriotică!

Merită laude, încurajare, binecuvântare! Sper ca Neamul să-i citească cărțile și să se mândrească cu ea!

Maria Nicorici,
conferențiar universitar, doctor, R.M.

Creația Veronicăi Cuzub este un ciorchine de nestemate, iar vocea distinctă a poetei murmură ca un izvor cu apă cristalină în tezaurul Limbii Române. Fiecare poem denotă un tratat filosofic sculptat în rime. Tematica creației cuprinde dorul de vatră, respectul pentru străbuni, responsabilitate în fața lui Dumnezeu și a propriului destin. Zbor presurat cu stele și lauri în regatul verbului românesc, dragă Veronica Cuzub!

Maria Tonu,
scriitoare, Canada

Splendide poeme scrise de o persoană minunată! Atât de lin curge versul iar frumusețea lui te încântă! Admirație și prețuire suflet frumos!

Maria Mihaela Dan,
poetă, România

CUPRINS

Vitalie Răileanu *Prefață*

Pașii din Timp(-ul) poeziei… 5
Cine sunt?. 7
Vă rog. 8
Copilăria la țară 9
Copilărește 10
Vis copilăresc 11
Noi, copiii de ieri 12
Copilăria mea 13
Prin ochi de copil 14
Te-am așteptat 15
Două destine 16
Iubește-mă cum sunt 17
Ia-mă în visurile tale. 18
Suntem atât de copii 19
Lasă-mi dragostea mea 20
Tineri în noi. 21
Iubesc păcătuind 22
Anii mei rămași cu tine. 23
Cât de naivă 24
Gând tomnatic 25
Povestea trăirilor 27
Întoarce-mi, soartă, timpul… 29
Nedumerire. 30
Vin toamnele 31
Comparații 32

În ospeție 33
Suntem..34
Viață omenească. 35
Fiind femeie 36
Dacă a fost 37
Bărbații mei 38
Dragul meu copil 39
Iubiți femeia 40
Mamă. 41
Învață-mă să fiu ca tine, mamă 42
Mamelor..43
Cea mai înaltă școală 44
Bunico. 45
Iubire de părinte 46
Fericită..47
Minune..48
Credință. 49
Mă cheamă dorul… 50
Așteptare...51
Ce-i mamă acasă? 52
Din pașii timpului…. 53
Fraților..54
Duminica în sat 55
Cât ne sunt părinții 56
Dor de noi 57
Fratelui..59
Colind bunicului 60
Se apropie Crăciunul 61
Astăzi e Crăciunul 63

La mulți ani!. 64
Să fim mai buni 65
De-aș fi știut. 66
Aducere aminte 67
Colț de rai. 69
Te-am visat, bunică 70
De vorbă cu bunicul. 71
Vin de la Moldova. 72
Mă închin…. 75
Cu bunul Dumnezeu 76
Rugă 77
Doamne, voia Ta…. 78
Când înțelegi 79
Durerea mea „un fleac" 80
Ar fi o fericire 81
O picătură 82
Ascultă-mi pașii 83
Ne întrebăm mereu 84
Rătăciți 85
Undeva 87
Concluzii înțelepte 88
Omorâm 89
De-aș fi știut 90
E doar vina noastră. 91
Cine am fost și cine am ajuns 92
Obligații 93
Dezbinare 94
Veronica Cuzub *Biografie* 95
Maria Nicorici Se nasc și la Șuri poeți! 96

Maria Tonu Poeziile Veronicăi Cuzub
sunt nişte nestemate 96
Maria Mihaela Dan Atât de lin curge versul.........96

www.ingramcontent.com/pod-product-compliance
Lightning Source LLC
Chambersburg PA
CBHW071308040426
42444CB00009B/1932